La evolución de la vivienda argentina

IRIS LUJÁN CARAVAJAL

La evolución de la vivienda argentina

Iris Luján Caravajal

Universidad Nacional
Facultad de Arquitectura y Urbanismo de Mar del Plata

nobuko

Caravajal, Iris Luján
La evolución de la vivienda argentina. - 1a ed. - Buenos Aires : Nobuko, 2011.
84 p. : il. ; 21x15 cm.

ISBN 978-987-584-326-4

1. Arquitectura. 2. Vvienda. I. Título
CDD 720

Diseño de tapa: Liliana Foguelman

Diseño general: Florencia Turek

Edición a cargo: Rosanna Cabrera

Hecho el depósito que marca la ley 11.723

© 2011 nobuko

ISBN: 978-987-584-326-4

Mayo de 2011

Índice

Prólogo
El retorno de la vivienda social

El libro propuesto por la arquitecta Iris Caravajal, es interesante, oportuno y está inscripto en una serie de acciones, académicas, culturales, de activismo y preocupación social, política y cultural, que se presenta como un retorno a los temas y problemas de la cuestión de la vivienda social en la Argentina.

Es oportuno porque marca la presencia del tema en la universidad pública, como lo está en las agendas de los políticos y los gobiernos nacionales, provinciales y comunales como una prioridad, en los análisis y planeamientos económicos, y en la opinión pública como una urgencia a resolver.

También es interesante el enfoque de un repaso histórico por el desarrollo de políticas y acciones en vivienda social en nuestro país. El siglo XX, ha encontrado a la Argentina inmersa en un profundo proceso de transformación, modernización, inmigración y migraciones internas que aumentaron y redistribuyeron la población con profundas transformaciones culturales, sociales y del habitar.

En el desarrollo de esta rica historia de la modernización, de la urbanización y reestructuración de las ciudades, Argentina escribió su propia historia de pensamiento, debate y construcción de la vivienda social. No tomarla en cuenta como un valioso capital de ideas y experiencia nos pone en el recurrente camino de empezar de cero en cada etapa, y no enriquecernos con la reflexión de esta experiencia en el tema de más de un siglo.

Partiendo de los agentes y enfoques que el país tuvo en esta particular historia, es interesante identificarlos y realizar una reflexión sobre ideas y realizaciones.

Por ejemplo, en la sociedad civil tanto los especuladores urbanos, las empresas vinculadas a la construcción y financiación de viviendas sociales, loteadores, constructores de inquilinatos, estos ensanches urbanos, constructores de conjuntos, barrios y pasajes, estaban asociados a la autoconstrucción y a la extensión de infraestructuras y líneas de transporte moderno como los ferrocarriles, los tranvías y los ómnibus.

Las iniciativas basadas en principios políticos, éticos o religiosos, de asociaciones como la "Sociedad San Vicente de Paul", las asociaciones cooperativas como "El Hogar Obrero" o las Sociedades de Beneficencia de principios del siglo XX.

Un capítulo especial lo tuvieron las iniciativas empresariales que en el marco de instalación de un modelo capitalista de producción, construyeron y financiaron las colonias obreras anexas a talleres, estaciones y fábricas e ingenios.

Por último, el Estado a través de creaciones como la "Comisión Nacional de Casas Baratas", o el "Banco Hipotecario Nacional", la

"Administración Nacional de la Vivienda" y, entre ellos, es particularmente interesante la acción de la "Fundación Eva Perón" como agente promotor y constructor de conjuntos de viviendas, hogares, escuelas y otras intervenciones del Estado en el hábitat social.

En las décadas posteriores a 1955, la acción estatal continúa en marcos cambiantes como una mayor descentralización en institutos provinciales como el de la Provincia de Buenos Aires, o la Comisión Municipal de la Vivienda de Capital federal.

También la segunda mitad del siglo XX, fue un período de alternancia de tramos con políticas y realizaciones en vivienda social siempre de gestión estatal, y etapas de discontinuidad y ausencia de políticas públicas, hasta la destrucción de partes sustantivas del sistema estatal, como fue la privatización del Banco Hipotecario Nacional en los años 90.

Este tiempo, también fue el de ensayo de sistemas de financiamiento y gestión plural y mixta, como la participación crediticia del Banco Interamericano de Desarrollo, el Banco Mundial, la ONU a través de PNUD afectados a vivienda, urbanización o infraestructura social.

En el campo de los proyectos, la construcción y gestión de la vivienda, existió una amplia participación de los espacios disciplinares de la arquitectura, así los concursos de proyectos, los congresos, debates y encuentros, las publicaciones y una mirada rigurosa y científica del problema, marcan las huellas de esas experiencia.

También las facultades y escuelas de arquitectura dan un espacio sustantivo a la temática de la vivienda social en sus programas.

Las empresas participantes en las obras de vivienda se nuclean en CAVERA, una cámara empresarial específica, y se ensayan experiencias de industrialización y renovación tecnológica en un área asociada a las tradiciones artesanales.

Las realizaciones son ricas y variadas, desde los megaconjuntos metropolitanos, hasta las viviendas que responden a climas severos, pasando por las experiencias de participación social en la construcción, se ensayaron muchas modalidades.

Las líneas y operatorias dirigidas a sectores específicos, como el Plan Vea, o los de Ahorro y Préstamo para las capas medias, el Plan PEVE para la erradicación de las villas miserias, las operatorias con entidades intermedias, sindicatos o cooperativas, fueron algunas de estas. El fin del siglo XX, final de una de las más radicales experiencias de una concepción del Estado neoliberal, asistió al desmantelamiento de los organismos y la políticas públicas de urbanismo y vivienda social. En paralelo, la acumulación del problema habitacional, sobre todo en las grandes ciudades, determinó un paisaje de crecimiento de las villas miserias en las periferias, la reducción del espacio público urbano, la degradación de sectores populares de las ciudades y el abandono de la construcción de infraestructuras y equipamientos urbanos en estos sectores.

Los centros urbanos argentinos se asimilaron a las grandes ciudades latinoamericanas con la presencia de un hábitat de la pobreza, como un cinturón de las ciudades, y su presencia como dos mundos y sociedades, de la formalidad, la contemporaneidad y la legalidad, contrapuesto a una ciudad de la marginalidad, la pobreza y la ilegalidad. Las barriadas, las favelas, los cantegriles o nuestras villas miseria.

En contraposición se manifestó la segregación de los sectores acomodados a áreas habitacionales de calidad, con seguridad, servicios y arquitectura del primer mundo. Estas fueron segregaciones extraurbanas, ciudades satélites como los barrios cerrados o *countries*, constituyendo un cinturón de riqueza, o intervenciones como fragmentos urbanos segregados, barrios exclusivos como la paradigmática operación de Puerto Madero en la ciudad de Buenos Aires. Aquí a veces la segregación se expresó en altura, siendo la vivienda colectiva en torre su expresión dominante.

En la primera década de este siglo XXI, se ha comenzado a desandar ese camino, se ha vuelto a una presencia de políticas y acciones del Estado en el tema de la vivienda social, a nuestro criterio con escasa reflexión y capitalización de nuestra historia y experiencia en el tema.

Las últimas décadas han decantado una importante renovación de los estudios teóricos e históricos sobre la vivienda, la cuestión habitacional y, tras realizaciones, su reflexión y valorización. Los estudios de Ramón Gutiérrez y Margarita Guttmann, los trabajos sobre la década peronista de Alberto Petrina, de Anahí Ballent y de Rosa María Aboy, el estudio sobre el aporte del arquitecto Bereterbide de Juan Molina y Vedia, los trabajos sobre Vladimiro Acosta, los estudios de Francisco Liernur sobre el hábitat popular en la modernidad, son algunos de los aportes recientes.

Las universidades, en particular las facultades de arquitectura, están teniendo presencia en esta actualización, la presencia de las temáticas en cursos de grado, en orientaciones y en materias optativas, los cursos de posgrado como la Maestría de Hábitat y Vivienda, reuniones académicas, investigaciones y publicaciones, como esta de Iris Caravajal.

El panorama presente es el de una agudización de los problemas habitacionales en ciudades y pueblos que se traduce en un aumento del déficit habitacional, una necesidad de incorporar infraestructuras, equipamiento de salud, educación y urbanización en las periferias degradadas.

Esto resulta en segregación social de los habitantes de estos barrios, quienes ya no asumen la condición de marginalidad como transitoria, como era en otros períodos. Hoy hay dos generaciones que nacieron y viven en este hábitat, y la expresión "villero", que se aplica a los habitantes y su cultura, marca la segregación social de que son objeto.

También esta década ha visto al Estado con la Secretaría de Vivienda de la Nación y a los Institutos y ministerios de las provincias en una actitud activa de construcción de vivienda social, en programas federales, provinciales y acciones municipales realizando obras de vivienda y urbanización en las periferias.

Se expone, sin realizaciones relevantes, la necesidad de no erradicar sino urbanizar las villas de emergencia, y se citan las experiencias de países como Brasil como ejemplo.

> El anteproyecto de Ley de Promoción del Hábitat Popular, viene a actualizar una Ley General de Vivienda de la Provincia, que fue de avanzada en su momento, pero a más de 60 años de su sanción por el gobernador Víctor Mercante, hoy ha quedado desactualizada. La lectura de esa iniciativa ofrece un marco global, eludiendo esa mirada parcial concentrada en la reacción de desarrolladores de *countries*.[1]

Todas estas acciones, a veces descoordinadas, tienen luces y sombras y, obviamente, requieren de un entorno académico, político y social de reflexión y actualización de la cuestión de la vivienda social. Esperamos que este trabajo sea un aporte a esta cuestión.

ARQ. MANUEL TORRES CANO*

---

[1] Fragmento del artículo sobre el debate de la Ley de Viviendas, de Alfredo Zaiat, *Página 12* (20 de marzo de 2011).

* Docente titular de la cátedra de Historia de la Facultad de Arquitectura y Urbanismo de la Universidad Nacional de Mar del Plata, e investigador del Conicet.

Prefacio

La evolución de la vivienda argentina fue la culminación de una larga investigación sobre el desarrollo de la vivienda, que tuvo en su origen el desarrollo de una tesis cuyo objetivo era estudiar la vivienda social realizada durante el gobierno peronista. Para cumplimentar el objetivo nos detendremos en los siguientes tópicos:

- Análisis de la sociedad y sus problemas en la última mitad del siglo XIX.
- Cambios sociales durante la transición del siglo XIX al XX.
- La sociedad y sus problemas a principios del siglo XX.
- Estudios de planes de vivienda de interés social por períodos.
- Presidencia de Perón y la estructura social de la población.
- La vivienda social y su relación con los Planes Quinquenales.

Para un abordaje claro del objetivo propuesto se efectuó un reconto de los diferentes períodos de nuestra historia argentina que nos permiten explicar el desarrollo de la vivienda social en el país.

Introducción

Si comenzamos estableciendo el significado de la vivienda de interés social, según la definición del *Diccionario de Arquitectura de Clarín*, es:

> Habitación de bajo costo, destinada a sectores sociales medios
> y bajos, que a partir de la década de 1940 se encuentra asociada a la acción del Estado.

Esta definición desde el punto de vista histórico se articula con la cuestión de vivienda y el alojamiento popular, entendida como conjunto de problemas económicos y sociales propio de las sociedades modernas.

La terminología es relativamente nueva, ya que data desde 1960, la cual aludía a la misma temática:

- Habitación popular.
- Vivienda barata (traducción del francés *á bon marché*).

- Vivienda económica.
- Vivienda masiva.

Las distintas definiciones anteriores ubican el centro del problema en aspectos diversos: en el destinatario de la vivienda (aspectos sociales), en las características de la unidad o en su condición de problema, fundamentalmente cuantitativo.

Hacia 1940, se observa en la Argentina, una preferencia por los términos como "barata", "económica" o "popular", ya que se consideraba que la cuestión de alojamiento no afectaba solamente a los sectores obreros, proporcionalmente poco numerosos en comparación con las sociedades europeas, sino que comprendía a amplios sectores medios, de empleados, comerciantes y artesanos.

El problema de la habitación surgió en la Argentina a fines del siglo pasado, como consecuencia del impacto inmigratorio que superó la capacidad de alojamiento de las grandes ciudades y produjo fenómenos tales como el encarecimiento de los alquileres, hacinamiento, existencia de construcciones precarias, ausencia de ciertas condiciones sanitarias, etc. Hechos que repercutieron en la salud de la población, como la fiebre amarilla de 1871, hicieron volver la mirada a los médicos hacia los sectores urbanos, donde la población vivía hacinada en conventillos o barracas, al descubrir que las condiciones de vida populares podían perjudicar a otros sectores sociales a través del contagio. Obras como la de Eduardo Wilde, *Estudio sobre las casas de inquilinato en Buenos Aires* (1891) o la de Samuel Gache, *Les logements owrières á Buenos Aires* (1899), ejemplifican la preocupación sobre las condiciones de habitación manifestada por los medios higienistas.

A partir de la inquietud despertada por las huelgas, los nuevos movimientos políticos (anarquismo y socialismo) y, en general, por las formas de conflicto social que se registran desde fines de siglo, comenzó a pensarse en la vivienda como un dispositivo de integración social que tendiera a homogeneizar y a arraigar a esa masa móvil, diferenciada por las lenguas y costumbres, que construía la población inmigrante. Así se agregaron a las observaciones físicas, otras de mercado, de tono moral, que constituyeron la base de todas las intervenciones o instituciones que abordaban el tema de la vivienda como instrumento de reforma social.

El hotel, el conventillo, el inquilinato, la villa, el barrio obrero y los complejos habitacionales construidos por el Estado (como los FONAVI), establecen un repertorio de situaciones para el hábitat popular en el Buenos Aires del siglo XX. Todos ellos tienen que ver con distintos modelos de desarrollo urbano y con distintas situaciones sociales y coyunturas políticas; pero fundamentalmente con la formación diferenciada de los sectores populares. El "conventillo" representa al inmigrante pobre y europeo de comienzos de siglo y nos lleva a pensar en el Buenos Aires de los años 20.

La "villa" representa al emigrante obrero del interior del país o de países limítrofes a partir de los 40 y al paupérrimo habitante de la gran ciudad en los 90. Los planes de vivienda a cargo del Estado tienen que ver con una conciencia planificadora que expresa al modelo desarrollista iniciado en la década del 50; pero también con las políticas clientelares y con las distintas demandas en materia de vivienda, no solamente por parte de la población de bajos ingresos, sino también de los sectores de capital inmobiliario, financiero y de la industria de la construcción.

RESEÑA HISTÓRICA DE LA CIUDAD DE BUENOS AIRES

El análisis de las características de la ciudad de Buenos Aires durante la etapa peronista (especialmente su política urbanística) no puede presidir de un breve recorrido de nuestra urbe por la historia nacional. Buenos Aires responde al devenir histórico, a hechos que la fueron perfilando y dando forma. Desde el descubrimiento de América hasta la creación del Virreinato del Río de la Plata (en 1776) el territorio de Sudamérica despertó poco interés, debido a que sus recursos naturales no podían satisfacer las demandas mercantilistas de oro y plata de la metrópoli de España. La zona del Río de la Plata no revestía ventaja aparente para una potencia que perseguía la extracción de metales preciosos. De esta forma durante los siglos XVI y XVII es el apogeo de Nueva España (México) y, posteriormente, del Alto Perú o Potosí. Es así como en Buenos Aires (como indica el historiador John Lynch) se vivía una "independencia de facto" producto del desinterés en una región que no respondía a intereses económicos.

Este panorama no tardará en cambiar, y es así como en el siglo XVIII surge un nuevo panorama político-internacional, con nuevas potencias internacionales que disputarán el poder a España. Tal es así que surge Inglaterra con una estructura económica diferente, basada en la industria y en la necesidad imperiosa de rutas comerciales que las conduzcan a nuevos mercados. El estado inglés apoyará empresas privadas que observan en el Río de la Plata y en Buenos Aires la posibilidad cierta de un nuevo polo económico. Aparece la problemática del contrabando. Es el inicio de la historia de una ciudad destinada a convertirse en centro, primero de las Provincias Unidas del Río de la Plata, posteriormente de la Confederación Argentina y, por último, de la República Argentina. Repasemos puntos de clivaje en su historia:

1776: producto del cambio de dinastías en España, se toman medidas para revitalizar el poder español. Dentro de las conocidas reformas borbónicas se crea a Buenos Aires como punto de una nueva estructura político-administrativa: el Virreinato del Río de la Plata.

1806-1807: Buenos Aires adquiere renombre internacional luego de defender a todo el Virreinato de las invasiones del principal enemigo español.

1810-1816: surge en la ciudad de Buenos Aires el movimiento político-revolucionario que llevará a las Provincias Unidas del Río de la Plata a la independencia de España.

1820-1829: inicio de las primeras medidas que buscan darle a Buenos Aires un perfil moderno. Es la etapa de las reformas rivadavianas, entre las que se cuenta la creación de las principales instituciones sociales y políticas.

1852-1880: Buenos Aires adquiere definitivamente un rol protagónico. Los gobernadores de se asientan en la ciudad capital y desde allí gobiernan a las demás provincias. Rosas, a través del manejo de las relaciones exteriores, controló la evolución de las restantes provincias. Por otro lado, durante el período 1852-1880 la urbe, producto de conflictos por el manejo de la aduana, se separa de la Confederación Argentina y sus gobernadores (Mitre y Alsina) reinvierten la totalidad de sus recursos en modernizarla.

1880-1916: período de esplendor, Buenos aires se transforma definitivamente en la capital de la Nación, y con la consolidación del modelo agroexportador el ideal positivista de "Progreso" logra concretarse definitivamente. A través de la inmigración y el ferrocarril adquiere el perfil liberal que la acompañará hasta el presente.

Fig. Nº 1: *La hora del reposo*, óleo de Pío Collivadino.

CAPÍTULO I

Un poco de historia

La vivienda social tiene sus primeras experiencias a fines del siglo XIX y principios del XX. El problema de la falta de viviendas se circunscribe, a pesar de que se excede, a un lapso de años 1850 a 1950, en la Argentina.

Los últimos años del siglo XIX, la carencia de viviendas, fueran del sector obrero o de la novel burocracia, no constituía una preocupación de primera línea. El problema comenzó a existir años después, pero la Argentina no tenía recursos humanos adecuados para solucionarlo.

En los años de 1880, Roca y sus seguidores pusieron en práctica el proyecto de Alberti; una República que conservara orden y tradición en el manejo político, mientras alentaba el progreso y la democratización en los aspectos económicos y sociales, adoptaron un criterio liberal. El concepto de "desierto", para la comprensión de la Argentina de entonces, suponía dos campos de acción:

1. La necesidad de aumentar la población, lo cual constituía no solo la desaparición del desierto, sino el cambio en las costumbres criollas.
2. Adoptar al espacio baldío nacional un sistema básico de comunicaciones que permitiera el contacto y la unión entre las ciudades existentes.

Para la concreción de estas propuestas requería la necesidad de tener capitales externos.

El período que se extiende entre fines del siglo XIX y 1946 se caracterizó por la escaza intervención del Estado en cuanto a construcción de viviendas. Tal situación se debió a, la alta rentabilidad que proporcionaban las casas de inquilinato o la difusión del pensamiento liberal en economía, que había de ser cubierto por la iniciativa privada.

Estas ideas se observan entre los socialistas, quienes proponían la formación de sociedades públicas autogestionadas y no estatales, como "las cooperativas".

Hacia fines del siglo XIX, se produjo un gran impacto en la sociedad porteña, provocando un cambio en las construcciones, realizando nuevas o refuncionalizando las ya existentes.

A mediados de la década del 80, se produjo una mudanza masiva de las clases altas hacia los barrios del Norte con un nuevo tipo de vivienda y la construcción de casa-quintas en las afueras como complemento recreativo. En contraposición, para la clase baja solo existía la posibilidad de los inquilinos o los conventillos, ubicados en la zona Sur.

Debido a la crisis en la Argentina, se puede establecer un período aún más breve, que va de 1880 al 1930, en que se produjeron huelgas de inquilinatos (en 1907) y las dificultades que provocó la primera legislación destinada a congelar los alquileres (en 1921). Este déficit habitacional se manifestó de dos maneras distintas:

La aparición de dificultades para obtener y mantener la vivienda.
Se encontraban tres grupos enfrentando tal situación:

1. Aquellos que fueron independizando de los grandes grupos que formaban la clientela de las antiguas familias patriarcas, heredadas de la tradición española. El cambio en las formas de vida que había producido, ya a partir de la Declaración de la Independencia, pero aún después de la Organización Nacional, contribuyó a la transición de un esquema de familia extensa a otro tipo nuclear. Esta transformación empezó con la reducción de los grupos que cumplían funciones de servidumbre.
2. Aquellos que habían tenido desempeñadas tareas de producción casera de las familias, tuvieron una situación más cómoda para incorporarse al conjunto de artesanos que iniciarían nuevas ramas de servicios comerciales.
3. Aquellos que surgieron de los cambios en la estructura familiar. Los nuevos matrimonios fueron el origen de grupos familiares diferenciados, que requerían una casa propia para iniciar su propia evolución.

Junto a este grupo se le sumaba los nuevos emigrantes. Estos formaban a su vez dos conjuntos:

- Los que provenían del exterior.
- Los que dejaban el campo para probar su suerte en las ciudades.

Ambos grupos formaban parte del movimiento social.
Existía una estabilidad institucional, aparición de una nueva burocracia, que permitía el traslado de las familias dentro del territorio.
El mayor nivel de desarrollo urbano comparado con la lenta evolución de las fuentes de trabajo, existentes en el campo, provocó el acercamiento de los gauchos a las ciudades.
En 1850, se comenzó a implementarse un programa que consistía en traer extranjeros inmigrantes. Éste tenía como fin aumentar el

nivel cultural de los sectores populares del país. El objetivo era preciso, no se tuvo en cuenta el alojamiento de aquellos nuevos habitantes. De acuerdo con el sistema liberal del que respondía el programa, la necesidad de alojamiento fue considerada un problema individual, cuya solución era propia de cada uno de los afectados. En consecuencia, la obtención de un lugar para vivir dependía de las ofertas y demandas.

Lamentablemente, los inmigrantes que llegaban a la Argentina no tenían el nivel cultural que se esperaba. Los grupos eran mayoritariamente campesinos, no respondiendo a la imagen de culto que podía constituir una enseñanza para las clases populares.

Los argentinos mostraban más resentimientos que admiración por esos "gringos", "tan" o "gallegos" que eran capaces de imprimir un nuevo ritmo a sus propias vidas. El éxito económico que operaban sus transformaciones en "extranjeros" contrastaba con la pobreza que caracterizaba la vida criolla.

Fig. N° 2: *Muelle de la Boca* (1888). El fotógrafo Samuel Boote fue unos de los mayores documentalistas argentinos del siglo XIX. En el primer plano, el buque de pasajeros Regina Margherita.

CAMBIO SOCIAL DURANTE LA TRANSICIÓN DEL SIGLO XIX AL XX

En estos años la evolución de Argentina y Europa, los convertían en complementarios. Por un lado, Europa había crecido económicamente gracias a la aplicación de la doctrina liberal, en especial, Inglaterra había conseguido una expansión industrial que le permitió establece colonias por todo el mundo, utilizando los capitales acumulados en años anteriores. Esto se debía a la utilización de mano de obra colonial bajo de costo y al rápido desarrollo industrial decimonónico que favoreció las migraciones a varios países de Europa, muchos de los cuales orientaron el porvenir hacia la Argentina. Las necesidades de materia primas y alimentos aumentaron en forma notable.

El crecimiento liberal interactuando con los avances en la tecnología acompañaron e influyeron en el creciente desarrollo en la segunda mitad del siglo XIX. Técnicas como el uso del vapor, la de combustible derivados del petróleo y del carbón revolucionaron los medios de transporte de ultramar y los terrestres, como el ferrocarril, haciendo un acotamiento de los tiempos habituales de transporte. Las ventajas y posibilidades que trajeron fue la unificación en el comercio en un mercado mundial.

Fig. Nº 3: *La Porteña* (hacia 1873). Primera locomotora del tren que circuló en el país, el 19 de agosto de 1857. Partía de la Estación del Parque, recorriendo 10 km (Antonio Pozzo, Archivo General de la Nación, *Colección de Fotografías en la Historia Argentina de Clarín*, t. I).

La producción argentina, especialmente en la Pampa Húmeda, permitía cubrir la demanda de alimentos de aquellos países desarrollados. Esto se pudo concretar a través de los proyectos de la dirigencia argentina de esos años. Por un lado, posibilitó la aprobación de la *Constitución* de 1853 y la organización nacional bajo su amparo. El acuerdo logrado entre los sectores influyentes del interior y del puerto de Buenos Aires permitió el ejercicio de una democracia limitada basadas en las ideas planteadas por Alberdi para un manejo político, al mismo tiempo que el desarrollo político liberal. Argentina se consagró como uno de los países más acaudalados del mundo.

La sociedad en este tiempo había cambiado notablemente, debido a la llegada de los contingentes de inmigrantes. Estos, cuyo destino original había sido la colonización de las áreas rurales que se deseaba poner en explotación, resultaron convertidos en el proletariado urbano. Se produjeron cambios en cuanto a la actividad laboral hacia otros rubros diferentes, esto fue una decisión individual que tomaron los recién llegados cuando se enfrentaron con la

Fig. Nº 4: Estación Central. Vista del Paseo de Julio (actual Avenida Aleandro N. Alem), con Estación Central en primer plano, al fondo la Casa de Gobierno y la Aduana Taylor (Arthur W. Boote, *Colección de Fotografías en la Historia Argentina de Clarín*, t. I).

precaria o nula planificación de la oferta laboral que se les había realizado en las oficinas locales de inmigración.

El equilibrio de las fuerzas, tanto de los terratenientes y los comerciantes del puerto, permitió firmar el Acuerdo de San Nicolás, completándose con los cambios sociales que trajo aparejados. El surgimiento de los gobiernos nacionales y provinciales definieron las características de un sistema burocrático integrado, en forma conjunta por personas del interior y del litoral. Esta burocracia creció en jerarquía y número, pero se alejaba de las clases más adineradas, constituyendo la clase media.

Estos dos grupos sociales, de origen tan diferentes, tenían una aspiración común, el ascenso individual que permitiera su reubicación en el conjunto de la población. Ello requería tener un determinado modo de vida, y era como la de las clases adineradas. Esto reunía un grupo de indicadores que constituía la imagen prestigiosa de la "gente bien", dando una falsa imagen de la cultura. Este nuevo grupo se asimilaban a las costumbres europeas, más precisamente París, contrastando con la sociedad criolla.

Fig. Nº 5: *Avenida de las Palmeras* (1888). La albúmina muestra uno de los clásicos paseos de la burguesía porteña, por Los bosques de Palermo (actual Avenida Sarmiento).

La Buenos Aires del 1870

En el siglo XIX, convergieron situaciones que determinaron cambios en la manera de habitar de los porteños. Por un lado, la apertura "a la Europa de más allá de los Pirineos", iniciada por Rivadavia. Éste tomó un entidad real, ya fuera por los libros y revistas que llegaban, etc., con las últimas novedades, especialmente francesas, que provocó una influencia muy importante en los porteños.

Por otro lado, las líneas de navegación organizaron viajes más directos, suprimiendo las escalas, ofreciendo, además, comodidades a bordo para los pasajeros, su servidumbre y su equipaje.

La sociedad adoptó las costumbres europeas en el vestir, el hablar, el comportamiento y el vivir en general. Pasaban allí largas temporadas, a veces los meses invernales de Buenos Aires.

Lamentablemente eran pocas las familias que podían hacer este viaje, como también poseer una casa quinta o de descanso, ubicadas en las zonas alejadas del centro de Buenos Aires, que hoy forman parte del municipio capitalino, principalmente Flores y Belgrano.

Fig. N° 6: Patio de una casa quinta típica de la alta burguesía. Las casas del centro seguían con características coloniales. Teniendo un frente nuevo de estilo italiano y el agregado de azulejos en zócalos, brocales y cocinas. Se introduce la puerta de hierro, terminando con la costumbre de la casa eternamente abierta, generando una distancia con la vida doméstica y obligando a un saludo formal.

Las casas estaban rodeadas de jardines, a veces con plantas exóticas, estanques, rosedales.

Las casas ciudadanas no estaban en ese momento sobre la línea municipal o encorsetada entre las medianeras con el patio central como elemento, común, de unión, iluminación y vida. Se pensó una casa centrífuga con ventanales hacia los cuatro frentes, abierto a los jardines.

La higiene en estas viviendas era muy precaria: con agua de aljibe o pozo, y con aguas servidas echadas en los fondos de las quintas. No se contaba con cuarto de baño, sino simplemente con tinas móviles que se instalan en una pieza en el invierno o bajo el parral en verano.

El trazado de caminos afirmados permitía el desplazamiento de los dueños de casa y los invitados a paseos. Posteriormente, llegaron los tranvías.

Los transatlánticos tenían tres clases y la mayoría de los inmigrantes viajaba en tercera clase, la más económica.

Ésta imagen (Fig. Nº 8) muestra la moda de entonces, las mujeres usaban vistosos sombreros y los hombres, bombín.

Fig. Nº 7: *Italianos en el puerto* (1907). Contingente proveniente de Italia llegando al Puerto de Buenos Aires, fotografiado en una gelatina de plata. Entre 1895 y 1940 los inmigrantes aportando alrededor de 1,4 millones de personas a la población del país.

Este tipo de casas se situaba en los barrios de la Concepción, San Telmo o Catedral al Sud.

La actividad comercial y la vida social se seguían desarrollando en la Plaza de Mayo, que era la mayor extensión abierta dentro de los límites de la zona edificada y urbanizada.

Con la llegada masiva de inmigrantes se produjo una serie de fenómenos que alteraban la vida criolla. En ese momento se comenzó a clasificar a los europeos como los de "allá" o los de "aquel lado". Se encontró una mano de obra barata tanto para la fábrica como para la servidumbre. Se trató también de conseguir el peón de campo, pero sin éxito dado por las dificultades de las distintas tareas agropecuarias.

La población Argentina se duplicó con la llegada de los inmigrantes, entre los dos censos realizados en el siglo XIX, pasó de 1.877.490 habitantes en 1899 a 4.094.911 en 1895.

En 1869, los inmigrantes eran 211.993, poco más del 10% del total; en 1895 eran 1.004.527, la cuarta parte de la población. Provenían, en gran mayoría, de Europa.

El Gobierno efectuó diversas medidas para favorecer la radicación de los extranjeros. Desde la sanción de la Ley de Inmigrantes Nº 817, hasta la apertura de agencias que, en Europa, difundían las

Fig. Nº 8: Inmigrantes recién llegados al país (1911).

ventajas de llegar hasta el Cono Sur. Aunque, la crisis de 1890 produjo una baja en la llegada de los inmigrantes, el fenómeno continuaría en las décadas siguientes.

La fiebre amarilla y sus consecuencias

En 1870, miles de inmigrantes con predominio de italianos y españoles, llegaron a Buenos Aires. Se alojaban por unos días en el Hotel de Inmigrantes y luego debían proveerse de vivienda. Posiblemente, durante el viaje habían contraído enfermedades por la falta de higiene y de privacidad, las que luego se propagaron en el puerto y en toda la zona.

Quizás la "puerta-cancel" y el aislamiento que comenzó a tener la vivienda solariega de la calle hayan ayudado a combatir los contagios. La epidemia de fiebre amarilla provocó 15.000 muertes de los 200.000 habitantes. Los sectores más acomodados, abandonaron sus viviendas, dirigiéndose a las quintas y estancias. Esa evacuación, producto del temor, permitió salvar muchas vidas, pero, al mismo tiempo, creó conciencia sobre el ámbito urbano conocido. El final de la de la emergencia sanitaria marcó el comienzo del traslado de las

Fig. N° 9: Control de inmigrantes (hacia 1900). Antes del desembarco, los Oficiales de Inmigración controlaban a los recién llegados. En esta gelatina de plata aparecen oficiales de la Marina y personal dedicado al sellado de los pasaportes, uno de los requisitos ineludibles.

residencias importantes a otras zonas, como es la que se desarrolla-
ba hacia el norte de la plaza mayor. La aparición de una nueva propuesta urbana, la sofisticación de los modos de vida de los
habitantes; el surgimiento y afirmación de un grupo de profesionales arquitectónicos algunos con estudios hechos en Europa.

La proliferación de casonas vacías, dio lugar a inquilinos, que no
pudiendo alquilar en su totalidad, por lo tanto, alquilaban cada
cuarto como unidad. Surgen asó los llamados "conventillos de
rezago", que constituyeron la primera respuesta a la carencia de
vivienda que había aparecido con la llegada de los inmigrantes. Por
otro lado, constituía una nueva oferta de alojamiento donde que-
daba de manifiesto la calidad de vida.

En los barrios del Sur, denominado en la época como "la zona mal-
dita", había una mayor densidad poblacional, siendo ésta unas de
las causas del problema, además de la falta de agua corriente que
contaminó pozos y aljibes, y el vaciado de aguas servidas en la vía
pública. A esto se le sumó, la falta de educación sanitaria, los escasos recursos médicos y el mal drenaje de las calles.

Para muchas familias, el mantener su vivienda en el barrio Sur de
la ciudad empezó a significar una especie de descrédito que afectaba su situación social.

El cementerio del Sur habilitado en 1867, colmó sus instalaciones y
tuvo que ser cerrado.

El conventillo

El volumen y la composición de la inmigración llegada al país en la
segunda mitad del siglo XIX, provocó un cambio en la demanda de
la vivienda en la ciudad de Buenos Aires, siendo ella, en consecuencia, la causa principal del surgimiento del *conventillo*. El *conventillo* es una vivienda popular colectiva que se caracterizó por alojar

un elevado número de familias, en unidades contraídas por un local único, sin servicio adicional individual. Tuvieron su mayor apogeo en los años de aumento masivo de población urbana, vinculados a los procesos de inmigración, tanto externa como interna, y de industrialización del país.

Es decir, vulgarmente fue tomada como sinónimo de "inquilinato", se usó para llamar las viviendas en las que habita un determinado número de familias. Cada una de ellas vivía en una habitación compartiendo los servicios, tanto de baño como de cocina. *Conventillo*, entonces es una denominación típica de los países de la parte austral de América del Sur (Argentina, Chile y Uruguay).

Generalmente eran las viviendas antiguas y en estado de gran deterioro, especialmente por la carencia de reparaciones unido a un uso intensivo, la mayoría de las cuales se puede considerar obsoletas. En ellas reinan condiciones de extorsión impuestas por los propios propietarios o subarrendadores a los inquilinos, que les permiten a aquellos obtener una renta elevadísima sin tener que realizar ninguna inversión en el mantenimiento.

Estas casonas se localizan en los sectores más viejos de la ciudad, como consecuencia del abandono de los propietarios que emigraron hacia las afueras de la ciudad.

Se dice que la década de 1880 fue la "época de oro del conventillo", pues en ese momento la ola inmigratoria estaba en uno de sus momentos cumbre y ya se había establecido y difundido ese tipo de vivienda. Según el censo de 1887, el 65,7% de los habitantes de los conventillos eran extranjeros y en 1890 (Censo Municipal de Casas de Inquilinato y Conventillo) el porcentaje llegaba al 71,5%.

En el siguiente cuadro se puede observar la evolución de los conventillos:

Cuadro N° 1.

Año	Número de casas	Número de cuartos	Número de inquilinos	Porcentaje de inquilinos /población	Promedio de inqui-linos por casa	Personas por cuarto	Cuartos en la casa
Excluyendo las fondas y bodegones							
1881	1.821	25.323	65.260	21,5	35,8	2,58	17,8
1882	1.843	25.543	65.320	19,5	35,4	2,56	13,9
1883	1.868	25.645	64.156	18,3	34,3	2,5	13,7
1884	2.037	27.020	66.459	18,2	32,5	2,45	13,3
1885	2.089	29.442	73.266	19,1	35,1	2,49	14,1
1886	1.970	27.363	79.233	19,8	40,2	2,9	13,9
1888	2.025	-	-	-	-	-	-
1889	2.087	29.196	97.825	18,7	47	3,35	14,1
1890	2.249	37.603	94.723	17,3	42,1	2,52	15,7
1892	2.192	31.152	120.847	21,8	55,1	3,88	14,2
1893	1.750	-	-	-	-	-	-
1894	1.689	-	-	-	-	-	-
1896	1.862	-	-	-	-	-	-
1898	1.913	-	-	-	-	-	-
1904	2.462	43.873	138.188	14,1	56,1	3,15	17,8
1919	2.967	45.026	148.393	8,9	50	3,3	15,2

Fuente: Oscar Yujnovsky.

Esta masa de inmigrantes influyó en las zonas Centro-Sur de la ciudad de Buenos Aires, luego que salían del Hotel de Inmigrantes, dado los escasos recursos que tenían. El resto de la ciudad era inaccesible por la mayor distancia al centro y al puerto (zonas donde se ubicaban sus fuentes de trabajo) y por su alto costo.

Fue costumbre entonces, compartir la amplia vivienda con un número variable de inquilinos y huéspedes circunstanciales. Años después, se continúa con la costumbre de subalquilar y inclusive

Fig. Nº 10: Imagen interior de un típico conventillo porteño.

Fig. Nº 11: El patio, lugar de encuentro.

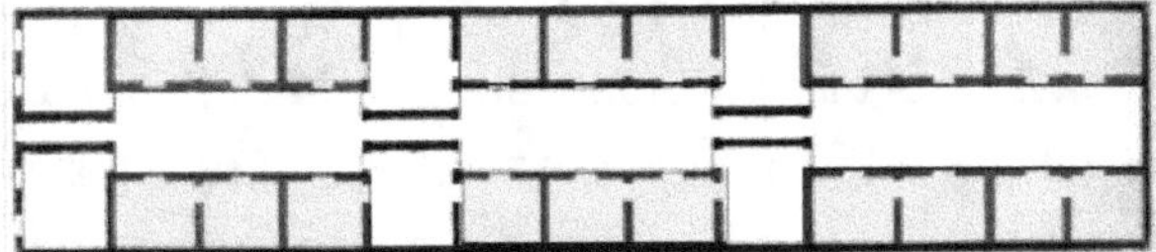

Fig. Nº 12: Planta de un conventillo porteño de la segunda mitad del siglo XIX. La construcción acompaña la forma de división de lotes de la manzana.

de construir este tipo de casas (en especial los "altos" o casa de dos plantas) con fines de renta.

A las casas típicas de la época con uno o dos patios internos rodeados de galerías que se conectaban entre sí las habitaciones, se les fueron subdividiendo los ambientes y agregándoles otros, generalmente cocinas y baños de pequeñas dimensiones construidos con materiales muy precarios. Una característica específica es que casi nunca estas casas cambiaron su fisonomía exterior, conservando las fachadas primitivas.

A partir de 1860 se estimaba que cerca de 300 de las 2,000 viviendas existentes habían sido construidas para ese fin. Normalmente eran alojamientos precarios con piezas cada vez más pequeñas sin ventilación, con muy escasos baños y deterioro en muy corto tiempo. Todas estas construcciones fueron hechas por particulares o por empresas privadas. Existían numerosas ordenanzas y reglamentaciones municipales que regulaban la construcción y el funcionamiento de los conventillos, especialmente luego de la epidemia de fiebre amarilla, las que fueron resumidas en el reglamento de Constituciones de Casa de Vecindad y Conventillos" de 1908. Pero, a pesar de ello, continuaban las condiciones de la vida de los conventillos permitiendo a sus propietarios lograr una elevada renta.

Los saldos migratorios internacionales crecieron hasta 1890, cuando se produjo un pronunciado descenso como consecuencia de la crisis económica que estalló ese año; registrándose, en 1891 el primer saldo negativo del período de inmigración masiva. La recuperación económica volvió los flujos migratorios a su ritmo anterior y aumentó los niveles considerables entre 1905 y 1913. La Primera Guerra Mundial convirtió el balance en negativo hasta su finalización.

La mayor parte de los inmigrantes eran varones adultos, lo que modificó la relación entre los sexos al elevar el índice de masculinidad a 115 en 1915. Predominaban los italianos y españoles, pertenecientes a diversas regiones. El flujo de italianos fue siempre mayoritario siendo el 35,4% de los extranjeros en 1869.

Cuadro N° 2: Porcentaje de población extranjera (1869-1914)

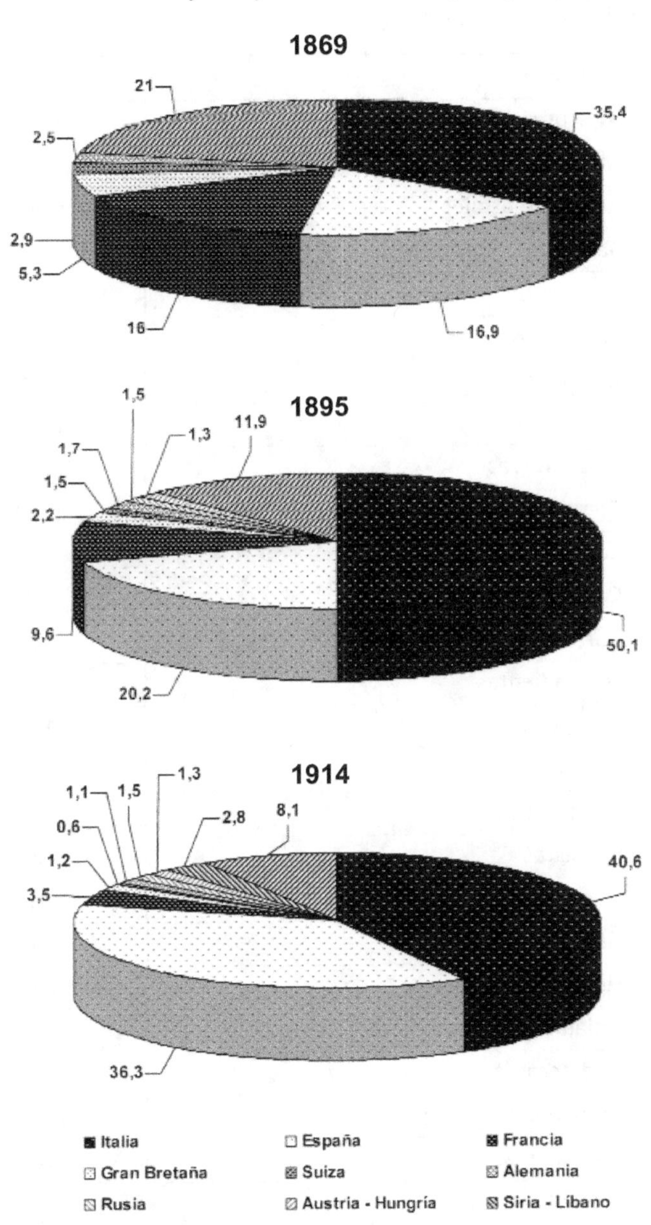

Cuadro Nº 3: Cuadro de profesiones de los inmigrantes de ultramar en el primer semestre de 1912.

Profesión	Cantidad
Agricultores	16.279
Albañiles*	678
Artistas teatrales	1.093
Barberos	206
Carboneros	10
Caldereros	21
Carniceros	149
Carpinteros*	843
Cocineros/as	2.729
Comerciantes	4.566
Confiteros	40
Costureras	3.535
Curtidores	12
Dependientes	1.267
Ebanistas*	63
Electricistas*	76
Farmacéuticos	58
Foguistas	325
Ganaderos	21
Grabadores	6
Herreros*	302
Hojalateros	51
Jardineros	58
Jornaleros	34.857
Maquinistas	136

Cuadro N° 3 (continuación): Cuadro de profesiones de los inmigrantes de ultramar en el primer semestre de 1912.

Profesión	Cantidad
Marineros*	708
Marmoleros	13
Mecánicos	788
Mineros	109
Modistas	1.049
Molineros	24
Músicos	56
Panaderos	253
Picapedreros	140
Pintores*	162
Planchadoras	1.951
Relojeros	51
Sastres	405
Sin profesión (niño)	14.734
Sin profesión (mujeres)	4.140
Sirvientes/as	7.453
Sombrereros	34
Tejedores/as	1.729
Tipógrafos	54
Toneleros	26
Veterinarios	6
Vitivinicultores	2
Yeseros*	8
Zapateros	423
Varios	1.332
TOTAL	**103.087**

En el cuadro se muestran las diferentes profesiones de los inmigrantes apareciendo algunas que requieren menor grado de capacitación para un desempeño aceptable. Ellas alcanzan al 67,29% del total. Mientras tanto, los oficios vinculados a la construcción (marcados con un asterisco) que necesitan cierta capacitación o, por lo menos, un adecuado adiestramiento, apenas alcanzaban al 2,13%.

Fig. N° 13: *Vendedor de aves y pescado* (1875). En la década de 1870, la venta callejera de pescado y ave estaba en manos de los inmigrantes, que habían desplazado a los vendedores de raza negra.

Fig. N° 14: *El naranjero* (1877). Fotografía tomada del álbum de la República Argentina, de Christiano Junior. Este portugués, cuyo nombre era José Christiano de Freitas Henriques Junior, fue uno de los fotógrafos más importantes del siglo XIX en la Argentina.

La mayoría de los puestos de trabajo estaban ocupados por extranjeros recién llegados al país. Esta circunstancia era la consecuencia del enorme aporte inmigratorio que había recibido la población argentina, aproximadamente 454,44% de aumento en solo 45 años.

Fig. Nº 15: Pesando las uvas (hacia 1890). Estos trabajadores, entre los cuales hay mujeres negras e inmigrantes, pesan uvas después de la cosecha. A fines del siglo XIX, las variedades extranjeras comenzaron a ser preferidas. En pocos años, las cepas francesas superaron a las criollas.

Fig. Nº 16: Finca de Mendoza (hacia 1890). Mendoza produce vinos desde 1598. En 1887, la provincia contaba con unas 2.000 hectáreas de viñedos. Dos años antes, la llegada del ferrocarril le había dado gran empuje a la actividad.

El siguiente cuadro muestra una comparación en porcentajes de trabajadores argentinos y extranjeros discriminados por actividad:

Cuadro N° 4.

Actividad	Argentinos	Extranjeros	Total
Agricultura y ganadería 11 oficios	2.694-38,06%	4.384-61,94%	7.098
Industria y artes manuales 142 oficios	75.649-34,75%	142.028-65,25%	217.677
Comercio 51 oficios	42.654-35,03%	79.093-64,97%	121.747
Transporte 17 oficios	6.797-31,05%	15.090-68,65%	21.889
Personal de servicio 25 oficios	70.084-46,54%	80.490-53,46%	150.574
Propiedad mueble e inmueble 1 oficio	7.180-53,41%	60.262-46,58%	13.442
Empleados de gobierno y administrativos, militares y culto 9 oficios	28.590-68,12%	13.380-31,88%	41.970
Profesiones sanitarias 11 oficios	2.794-50,73%	2.712-49,27%	5.505
Profesionales liberales 40 oficios	6.351-48,47%	6.751-51,53%	13.102
Instrucción y educación 5 oficios	12.109-77,53%	3.510-22,47%	15.619
Sin calificaciones determinada y varios 7 oficios	123.659-41,63%	173.352-59,37%	297.011
TOTALES **319 oficios**	378.560-41,80%	527.052-58,20%	905.612

La relación promedio para el total de las actividades mostraba que casi el 60% de los recursos humanos ocupados eran extranjeros. Esta relación se mantenía en las cuatro primeras ramas de la actividad y en la última.

El país, al lograr su organización nacional, había creado una nueva burocracia, que contribuyó al crecimiento de la población. Lamentablemente, el objetivo del plan de la colonización por medio de la emigración extranjera no se logró, debido a que solo el 0,48% del recurso humano del grupo de extranjeros lo cumplía.

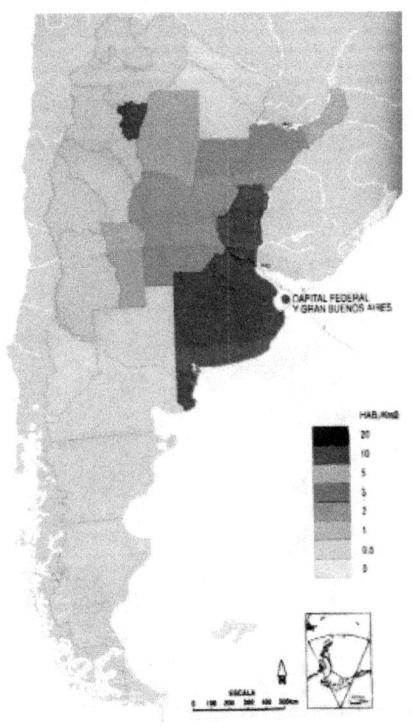

Fig. N° 17: Densidad de población por provincias (1914).

En algunos artículos periodísticos publicados en revistas porteñas del año 1921, se puede observar el pensamiento de la sociedad a casi principios del siglo XX (ver Figs. N° 19 y 20). Se expresaba así la disconformidad de la población con el gobierno, con respecto a la falta de planes de construcción de viviendas de interés social: "En estos tiempos en que se habla más de los se hace, acerca de la construcción de viviendas".

El artículo aquí citado de ejemplo pone de manifiesto el desarrollo de los planes sociales en Amsburgo dedicados a la necesidad de la vivienda y la respuesta al problema por parte de tres acaudalados hermanos, Jacobo, Urico y Jorge Fugger, en el año 1519.

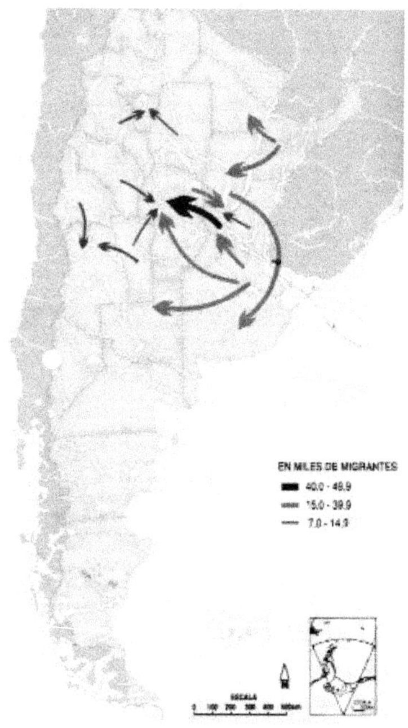

Fig. N° 18: Corrientes migratorias interprovinciales (1869-1895).

Fig. N° 19: Revista *El Hogar*, de entrega semanal (viernes), publicada en Buenos Aires, el 10 de junio de 1921.

Fig. N° 20: *Caras y caretas*, publicidad "Delicias del Tránsito", del 3 de marzo de 1928.

CAPÍTULO 2

Período 1900-1943

La creciente inmigración europea a fines del siglo XIX y la atracción de los centros de trabajo, determinaron la concentración y hacinamiento de la población en numerosos conventillos e inquilinatos ubicados en las áreas centrales de la ciudad. Según datos registrados por el doctor Rawson, en 1883 existían en Buenos Aires 1.868 conventillos. El promedio de habitantes por pieza era 2,5 personas. Esta forma de alojamiento estuvo caracterizada por parte de una masa obrera. Las condiciones eran deplorables y la falta de higiene era la causa de la mortandad fuera de 30 por mil. El problema se fue agudizando, ya que a las epidemias que asolaban la ciudad, se sumó un crecimiento de su población de 663.000 habitantes en 1895, a 1.575.000 en 1914.

La primera manifestación de la sociedad por el problema de la falta de viviendas, se hace por medio de una huelga de inquilinos en 1907. Esta fue desatada por la gran suba en los alquileres, lo que motivó que los ocupantes decidieran no pagar los alquileres y organizarse en la resistencia a los desalojos. El serio conflicto generado puso de manifiesto la gravedad del problema.

El Estado se plantea por primera vez el problema de la vivienda social, iniciando un debate sobre cómo deberían ser las viviendas dadas (en alquiler o propiedad) y sus tipologías (individual o colectiva), son algunos de los temas políticos y técnicos que se debatieron en los distintos ámbitos. Se sanciona, en 1907, una ley conocida como Ley Cafferata, crea la Comisión Nacional de Casas Baratas. Lo que llevará años más tarde, al Estado a la primera intervención en la regularización de los alquileres, sancionando, en 1921, la Ley 11.156, que dio lugar a una serie de intervenciones en las relaciones contractuales y precios, que se extendío hasta los años recientes.

PRIMERAS INTERVENCIONES

Ante la gravedad del problema en los primeros años del siglo, comienzan algunas intervenciones. La Ley Nacional 4.824/05, propuesta del diputado Yrigoyen, a emitir artículos por 2 millones de pesos, destinados a un fondo para la construcción de casas obreras y a transferir terrenos del Estado a los municipios. Recién en 1910, a través de una intervención se concretan las primeras 64 casa obreras, en terrenos donados por una filántropa, el municipio y mujeres adineradas integrantes de la "Sociedad Protectora del Obrero". Las viviendas no fueron dadas en propiedad, sino que estuvieron retenidas por la Sociedad.

También estaban las viviendas construidas por la cooperativa El Hogar Obrero, fundada por el Partido Socialista, quienes construyeron 268 unidades en tres conjuntos. Hubo proyectos de ley en estos años, más evolucionados, como por ejemplo el de Pedro Luro de 1910, destinados a empleados públicos, con una propuesta de financiación; el de Estrada (1910), que financiaba con fondos aportados por las carreras de caballos; y uno mucho más progresistas basado en principios higienistas y que abandonaban la filantropía para construirse en un verdadero embrión de un sistema de mayor integración social, que recién tendría lugar en los años 40. Estas propuestas gestaron la Ley Nacional 9.677, que crea la Comisión Nacional de Casas Baratas, que disponía de fondos de las carreras hípicas y del Tesoro Nacional.

Se construyeron entre el período de 1916 y 1943, solo 977 unidades en los siguientes Barrios o edificios: Barrio Cafferata (barrio-jardín, vivienda individual), Barrio Alvear (barrio-parque, vivienda individual, 1923-1925), Barrio Rawson (individual, 1928) y colectiva (1933), casa colectivas Valentín Alsina (1919), Bernardino Rivadavia (1921), 24 de noviembre (1939), América (1937) y Güemes (1941).

En el momento de su creación, la Comisión contaba con dos casos de intervenciones estatales en construcción de viviendas, aunque de acción limitada. La primera era la Ley cordobesa Garzón Maceda de 1907, que financiaba obras construidas y administradas por una institución de beneficencia; la segunda, que asignaba fondos a la Municipalidad de Buenos Aires para la construcción de viviendas.

A partir de las primeras elecciones efectuadas bajo el régimen de

Fig. Nº 21: Viviendas colectivas en el Barrio Rawson, Buenos Aires (1933).

la Ley Sáenz Peña (que establecía el voto secreto y obligatorio), fue cuando el debate político trató del problema de los alquileres.

La Municipalidad de Buenos Aires realizó intervenciones, aisladas y sin plan global. En 1887, durante la gestión de Torcuato de Alvear, se proyectan las primeras viviendas obreras: tres tiras de unidades en planta baja, en las calles Larrea, Merlo, Azcuénaga y la actual Av. Las Heras. Alrededor de 1910, con fondos de la Ley Yrigoyen, se construyeron los barrios Butterler (64 viviendas, 1910) y Parque de los Patricios (116 unidades, 1912).

En 1925, la Municipalidad llamó a concurso de anteproyectos para la ejecución de tres casas colectivas en Palermo, Flores y Chacharita, de las cuales solo se realizó la última.

Paralelamente, se realizó un contrato con la Compañía de Construcciones Modernas, preveía la construcción de 10.000 viviendas, aunque tal cantidad nunca se llegó a concretar.

En 1919, el Banco Hipotecario, fue asignado a través de la Ley 10.676 a nuevas funciones, como el otorgamiento de préstamos a empleados públicos con destino a la construcción o adquisición de la casa propia. Las condiciones de créditos solo podían resultar útiles para un sector reducido de la población. En los años de mayor actividad tales préstamos oscilaron entre 250 y 450 por año.

Fig. Nº 22: Viviendas colectivas en el Barrio Alvear (1940-1945).

Fuera del ámbito oficial, fueron pocas las empresas o asociaciones que experimentaron en tipos arquitectónicos alternativos, limitándose a la repetición de viejos modelos como "la casa chorizo", siendo este un clásico modelo de la Constructora Nacional.

En el ámbito de la acción social católica, la Unión Popular Católica Argentina realizó, en 1919, la Gran Colecta Nacional, cuyos fondos se destinaron en parte a la construcción de las llamadas "mansiones populares" o "mansiones para obreros". A principio de la década del 20, se construyeron así unas 260 viviendas en Mataderos, Martínez, Flores, Barracas, y se inició un conjunto en Berisso (Provincia de Buenos Aires). Los más destacados fueron la casa colectiva de Flores, de F. Bereterbide y el Barrio Monseñor

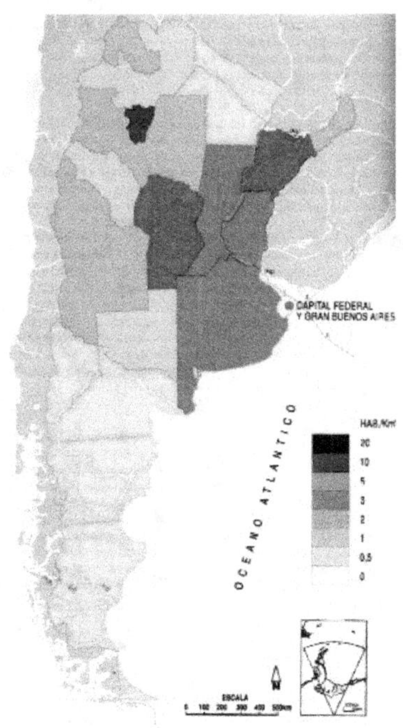

Fig. N° 23: Densidad de población por provincias (1914).

Espinosa, para los cuales se realizaban los respectivos concursos de 1919. Esta acción católica de viviendas contaba con cierta tradición: tal era el caso de Cafferata, impulsor de la Ley Garzón Maceda y Ley de Casas Baratas. Además, se articulaba con otros planes sociales como es el Círculo de Obreros, los sindicatos católicos, las cajas dotales para obreras y las universidades populares.

Las iniciativas patronales por parte de las industrias fueron escasas. Pueden citarse a principios de siglo la fábrica textil Gatry, en Nueva Pompeya, y de Schulz y Lutz, en Chacarita (1905), la cervecería Quilmes y el emprendimiento de empresas ferroviarias, como Colonia Solá en Barracas y Colonia Remedios de Escalada en Banfiel (1908).

Fig. N° 24: El Barrio Cafferata, en Buenos Aires, se proyectó con viviendas individuales en estilo Chalé y con jardines.

Fig. N° 25: Vivienda del Barrio Cafferata construida por la Comisión Nacional de Casas Baratas en 1921. Los ambientes de las casas se distribuyeron en dos plantas.

Otra iniciativa del 30, fue la creación del Hogar Ferroviario, sobre la base de un proyecto del diputado católico Arturo Bas, que se concretó en la Ley 11.173 de 1922. Se trataba de una sección de la Caja de Jubilaciones Ferroviaria, creada en 1919, que aplicaba sus fondos al otorgamiento de créditos hipotecarios para sus afiliados. Entre 1924 y 1939 había otorgado más de 14.000 préstamos.

Y, finalmente, en 1920, se realiza el Primer Congreso Argentino de la Habitación, organizado por el Museo Social Argentino, institución que se ocupó intensamente del problema.

Fig. N° 26: Planta de conjunto del Barrio Cafferata en Avenida José María y Asamblea (Parque Chacabuco, Buenos Aires).

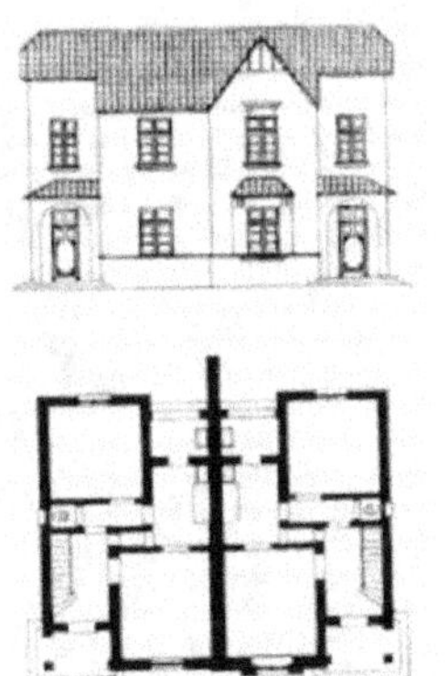

Fig. N° 27: Planta y vista. Tipología implantada en predios angostos.

Fig. N° 28: Inauguración del Barrio Monseñor Espinosa a principios del siglo XX.

Período 1930-1946

Abarca los gobiernos conservadores posteriores al derrocamiento de Yrigoyen (Uriburu, A.P. Justo y Castillo) hasta 1943, y los gobiernos de la revolución del Grupo de Oficiales Unidos, o GOU (1943-1946), hasta la llegada al poder del primer gobierno peronista.

INSTITUCIONES Y GESTIONES

La preocupación por el abaratamiento de la vivienda se transformó en una preocupación central en la década del 30. Estas se articularon con otros dos elementos, por un lado, la introducción de formas arquitectónicas modernas y, por otro, la apelación generalizada a la intervención del Estado.

En 1939, el Primer Congreso Panamericano de la Habitación Popular, concluyó que había una escasa iniciativa privada con respecto a la población de menores recursos y el aumento de migraciones internas hacia el Gran Buenos Aires (a continuación se puede observar el mapa en las que se muestra las migraciones internas), hasta la generalización de la intervención estatal, el interés despertado por modelos externos, como el New Deal, y la discusión sobre nuevos modelos económicos, donde la construcción ocupaba un rol de punta como movilización de la industria como por su capacidad de ocupar mano de obra.

El plan económico de Pinedo (1940), proponía la ejecución de un plan de vivienda masiva, siendo rechazada por la oposición radical en el Congreso.

Se produjeron iniciativas de gobiernos provinciales en estas décadas, entre los que se puede citar a Mendoza y Buenos Aires, aunque no se concretaron eran proyectos que intervenían en la necesidad de la vivienda y no solo en los grandes centros urbanos.

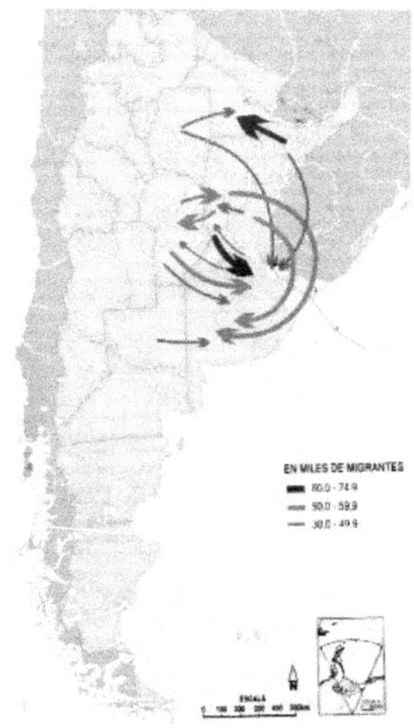

Fig. N° 29: Corrientes migratorias interprovinciales (1914-1947).

Se comenzó a reflexionar sobre las condiciones de los chacareros, colonos y trabajadores agrícolas, constituyendo el problema de la vivienda rural.

En esta época, luego de la realización del Congreso Panamericano de la Vivienda Popular, se presentaron varios proyectos de ley elaborados para todo el país. Se extendieron los beneficios de la Ley 9.677 a todo el territorio de la Nación (Decreto 11.586/43), se disolvió la CNCB (Decreto 10.102/44). Se creó la Dirección de Vivienda dependiente de la Secretaría; se construyó la Administración Nacional de la Vivienda (Decreto 11.157/45).

También se crean nuevas comisiones aseguradoras sobre la vivienda popular en el ámbito nacional y en la Municipalidad de Buenos Aires. Estas a pesar, de que fueron poco viables en la práctica, permitieron la continuación de viejos proyectos y van a formar parte de las propuestas del siguiente gobierno peronista. Tales son los casos del conjunto Villa Concepción, en el Partido de San Martín (Provincia de Buenos Aires, 1944-1947) y del conjunto 1º de marzo, en Capital Federal (1943-1947).

También, a través de la ANV, se inició la ampliación, en 1945, del Barrio Alvear con nueve pabellones, en La Pampa se edificaron 24 casas individuales y en La Rioja se construyeron los barrios Pango y Caja Nacional de Ahorro Postal, de 30 viviendas individuales cada uno.

Fig. Nº 30: Conjunto Flores de Fermín Bereterbide.

La financiación de este último era particularmente compleja: fondos donados por la Caja Nacional de Ahorro Postal, por YPF, por la Asociación Argentina de Fútbol y los provenientes de una colecta realizada en favor del noroeste argentino. Esta combinación de aportes diversos caracterizó el momento de transición de 1943-1946.

Hubo eventos importantes como la Primera Conferencia Nacional de Asistencia Social (1933), el Primer Congreso Argentino de Urbanismo (1935), el Primer Congreso Panamericano de Vivienda Popular y el Primer Congreso de la Población (1940).

CAPÍTULO 4

Acción social del gobierno peronismo en la Argentina

La Argentina es un país riquísimo que hasta ahora había sido saqueado por los propios y extraños. Sin beneficio para el país, sin beneficio para los mismos que producían la riqueza, sin beneficio para la gran masa de la población, realizábanse negocios fabulosos cuyos resultados iban a parar a los bolsillos de un grupito de argentinos coaligado con las grandes organizaciones financieras internacionales. A raudales salían los cargamentos de carne, de cereales, o de cueros, pero su equivalente en oro o divisas era desviado hacia cuentas abiertas en el exterior con toda la sabiduría de la técnica financiera y toda la inescrupulosidad de quienes no aman las cosas de su patria o de la tierra donde viven y medran.

Palabras de Perón en su primera presidencia.[1]

Perón al asumir la presidencia se encontró con una situación de crisis tanto política como social sin plan definido el cual procuraba cambiar. Esto se manifiesta en sus propias palabras en uno de sus primeros discursos al país.

Su idea guía es que los cambios en la composición de las elites político-administrativas reflejan cambios estructurales. El peronismo asume e incorpora ese cambio estructural y, de esa manera, lo institucionaliza. Los nuevos dirigentes constituyen un grupo abierto basado en un reclutamiento amplio: industriales, dirigentes sindicales, políticos de comité provenientes del radicalismo y oficiales recientemente retirados de las Fuerzas Armadas.

La estructuración de esta nueva y heterogénea clase política se da sobre la base de un régimen de lealtades personales relacionadas con la definición del rol del líder. Es el alto grado de centralización del poder en manos de la pareja gobernante, el que provoca la burocratización de la clase política que, hacia 1950-1951, comienza a cumplir el rol de mera transmisora de órdenes, la figura del líder ha disminuido las responsabilidades individuales.

El Estado comienza a asumir funciones reguladoras de la economía que crean la necesidad de nuevos organismos y de nuevos funcionarios con saberes técnicos que permitan administrar las nuevas instituciones financieras y comercializadoras. En el período 1943-1946, el grupo militar que toma la conducción del Estado profundiza la tendencia transformadora a partir de abrir la agenda estatal a la cuestión popular y aumenta la regulación de precios y la protección a la industria. Busca así legitimarse a partir del abandono de un Estado conservador y fraudulento y la creación de un Estado verdaderamente nacional e integrador. Estos objetivos requieren dos cambios. Por un lado, la creación de nuevos ministerios y reparticiones estatales que dirijan las reformas a realizar.[2]

Por otro, la designación de una elite burocrática que esté prepara-
da técnicamente para asumir ese rol, pero que no tenga una cone-
xión importante con la dominación anterior. Este aparato
representa la base para emprender las políticas del peronismo.

Perón quería ubicar al Estado por encima de los diversos factores
sociales y transformarlo en un mediador. Su gobierno puede divi-
dirse en varias etapas:

1946 y 1949: se perfeccionaron las estructuras de la denominación
política y se resolvieron algunos de los problemas económicos y
sociales que se venían arrastrando.

El gobierno fomentó la organización de sectores socioeconómicos
que contaban aún con un organismo encargado de defender sus
intereses y empujó sus demandas ante el Estado. A partir de una
política redistributiva, los salarios se incrementaron entre 1947 y
1949 y se aplicó una política social que completó la protección al
trabajador en caso de enfermedad, accidente, embarazo o despido,
se mejoró en forma permanente la asistencia a la ancianidad, se

Fig. Nº 31: Primer presidencia (1946). Perón asumió la Presidencia de la
Nación, por primera vez, el 4 de junio de 1946. En la fotografía aparece
frente al Congreso, acompañado por el vicepresidente, Juan Quijano, a la
derecha por Cámpora a la izquierda, quien ocuparía la presidencia en 1973.

crearon cada vez más organismos asistenciales y culturales destinados a los estratos más bajos y se multiplicaron los centros de esparcimiento y descanso, lo mismo que el número de sindicatos. Las instituciones y grupos sociales que se oponían a sus planes fueron desplazados. Limitó las competencias en el Congreso, privó a la justicia su autonomía, redujo toda influencia de los partidos opositores, se apoderó de casi todas las radioemisoras y periódicos, y estableció un estricto control sobre las universidades.[3]

Por otra parte, Eva Perón tuvo un rol fundamental, creó la Fundación de Ayuda Social, más conocida como la Fundación Eva Perón. Desde esta institución cuyos fondos se integraban con la ayuda estatal y las contribuciones de la CGT, se impulsaba la construcción de hospitales, se subsidiaban alimentos, vestimenta y otros elementos.

LA REFORMA DE LA CONSTITUCIÓN NACIONAL

En 1949, se efectuaron cambios en la Constitución Nacional, con la incorporación de los derechos sociales, se estableció la reelección del presidente y se suprimió el Colegio Electoral, permitiéndose así la elección directa de la máxima autoridad de la Nación.

La Constitución de 1949, contenía también otros elementos asociados al peronismo. El preámbulo reiteraba un lema de ese movimiento político: el establecimiento de una "nación socialmente justa, económicamente libre y políticamente soberana". Se incorporó el Decálogo del Trabajador, que establecía la plena vigencia de los derechos fundamentales de los trabajadores e incluía la declaración de la propiedad de la Nación sobre los recursos naturales, la nacionalización de los servicios públicos y la regularización del comercio externo. Se reconocía también la propiedad privada como derecho natural, pero limitado por la función social, esto implicaba que el Estado podía expropiar negocios y tierras para asegurar su uso productivo y, de ese modo, beneficiar a la comunidad.

PLAN EVA PERÓN

Puedo asegurarles que dentro de 2 años, la Ayuda Social será unas de las instituciones perfectas del país.

Eva Perón, 7 de mayo de 1948

En estos años se sanciona decreto en el cual la Fundación pasa a llamarse Fundación Eva Perón. La mayoría de los fondos (60%) provenía de las donaciones anuales de dos jornales que efectuaban los trabajadores: 1° de mayo y 17 de octubre.

Este Plan es de acción indirecta de fomento a la vivienda, implementado por el Banco Hipotecario Nacional, en 1952. Sus destinatarios eran los obreros y empleados comprendidos en las leyes de

Fig. N° 32: Propaganda Oficial sobre el IAPI.

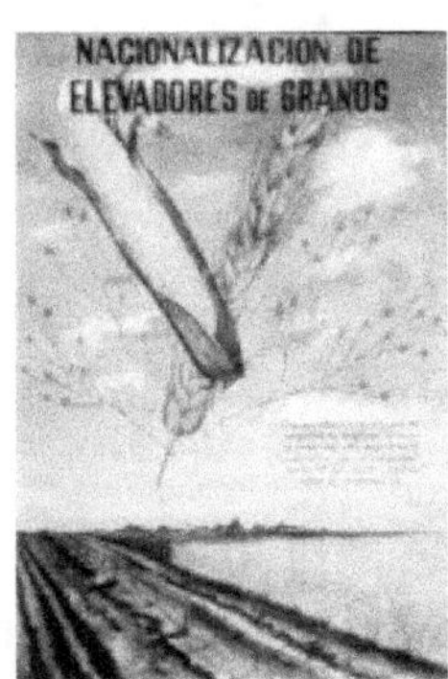

Fig. N° 33: Propaganda Oficial sobre nacionalización elevadores de granos.

Fotografías tomadas del libro Zaida Lobato y Suriano, *Nueva historia de la Argentina.*

previsión social, cuyos ingresos no superan los 2 mil pesos, a quienes proveía individualmente de financiamiento para la construcción de una vivienda.

Este proyecto se fundamenta en la realidad sociohabitacional que atraviesa un importante grupo de familias localizadas en diferentes barrios de la ciudad, los que se encuentran asentados en lugares precarios, en malas condiciones de habitabilidad.

El plan prevé el inicio de un proceso socioconstructivo, el cual, conjuntamente con el avance físico de la obra, se vaya logrando un paulatino y creciente protagonismo de los beneficiarios del mismo, mediante su participación en decisiones que hacen a la integridad del proceso y que reflejen necesidades, intereses, motivaciones y realidades de cada grupo familiar.

El objetivo era contribuir al mejoramiento de la calidad de vida de familias en situación de emergencia habitacional a través del acceso a una vivienda digna. Desde el inicio del plan hasta fines de 2004, se construyeron 51 viviendas monoambientes con todos los servicios de infraestructura existentes.

Plan Eva Perón I: 7 viviendas en Barrio Las Playas.
Plan Eva Perón II: 7 viviendas en Barrio General Roca.
Plan Eva Perón III: 10 viviendas en Barrio General Roca.
Plan Eva Perón IV: 10 viviendas en Barrio General Roca.
Plan Eva Perón V: 7 viviendas en Barrio General Roca.
Plan Eva Perón VI: 10 viviendas en Barrio General Roca.

Actualmente, se inició el proceso de los concursos de costos para llevar a cabo los Planes VII, VIII, IX, X y XI, todos sobre terrenos localizados en el Barrio General Roca.

El crédito otorgado proporcionaba el total de la valuación del edificio, más un valor subsidiario del 30% del costo total del terreno y la construcción, con el objeto de facilitar la compra del lote. El interés era bajo (4,5%) y la cuota no podía superar el 30% del salario, considerado como de 1.500 pesos. El otorgamiento era muy rápido, ya que el tiempo de gestión debía ser inferior a 30 días.

La vivienda no podía superar los 70 m². Con respecto a los proyectos, el Banco creó la Dirección Técnica "Plan Eva Perón", que entregaba a los adjudicatarios planos normalizados y asesoraba sobre cuestiones diversas.

Las operaciones correspondientes al plan, escrituradas en 1953, representaron el 18% del total y, en 1954, el 32%. La operatoria fue anulada en 1955 cuando, a la caída del gobierno peronista por el golpe militar de la llamada Revolución Libertadora, se reorganizó el Banco.

Fig. N° 34: Casa cajón, vista.

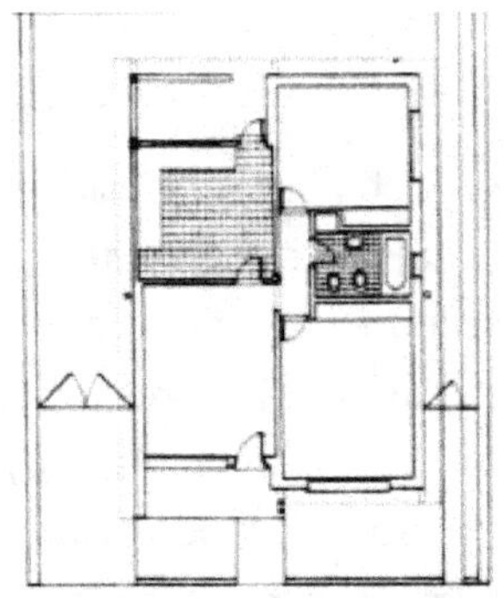

Fig. N° 35: Casa cajón, planta.

Al basarse en vivienda individual, proponer planos normalizados y contar con una estructura de gestión descentralizada, el plan había podido llegar eficientemente al interior del país y a amplios sectores sociales. Como contrapartida de estos aciertos, las condiciones extremadamente liberales de estos créditos, implementados en un momento de crisis económica, constituyeron un subsidio del Estado a sectores medios y medios-bajos, financiado con recursos de tipo inflacionarios.

Con respecto a los proyectos que proponían los planos normalizados, se trataba de "casas cajón" de una planta, compuesta por cocina, comedor, uno a tres dormitorios, baño, lavadero semicubierto y galería, con retiro de frente. Los techos podían ser losas planas o inclinadas de tejas. Se ponían variantes según tipos de climas (frío, templado y cálido), que no alternaban las tipologías, las mismas para todo el país.[4]

PLANES QUINQUENALES

Muchos se preguntan que es el Plan Quinquenal. Un Plan Quinquenal, es un plan de conjunto que abarca 5 años [...].

Presidencia de la Nación,
Subsecretaría de Información (1952).

Como indica la frase del mismo presidente Perón, los Planes Quinquenales deben analizarse dentro de un plan de conjunto que perseguía el objeto de industrializar el país.

El Primer Plan Quinquenal (1946) expresaba el interés del Gobierno por industrializar el país. El plan tenía proyectos sobre la salud pública, inmigración y capacidad de trasporte. También previsiones sobre la industrialización y su costo, estimado en 6.000 millones, que iba a ser cubierto mediante préstamos. Para lograr el

Cuadro Nº 5: Acción de la Fundación de Eva Perón.

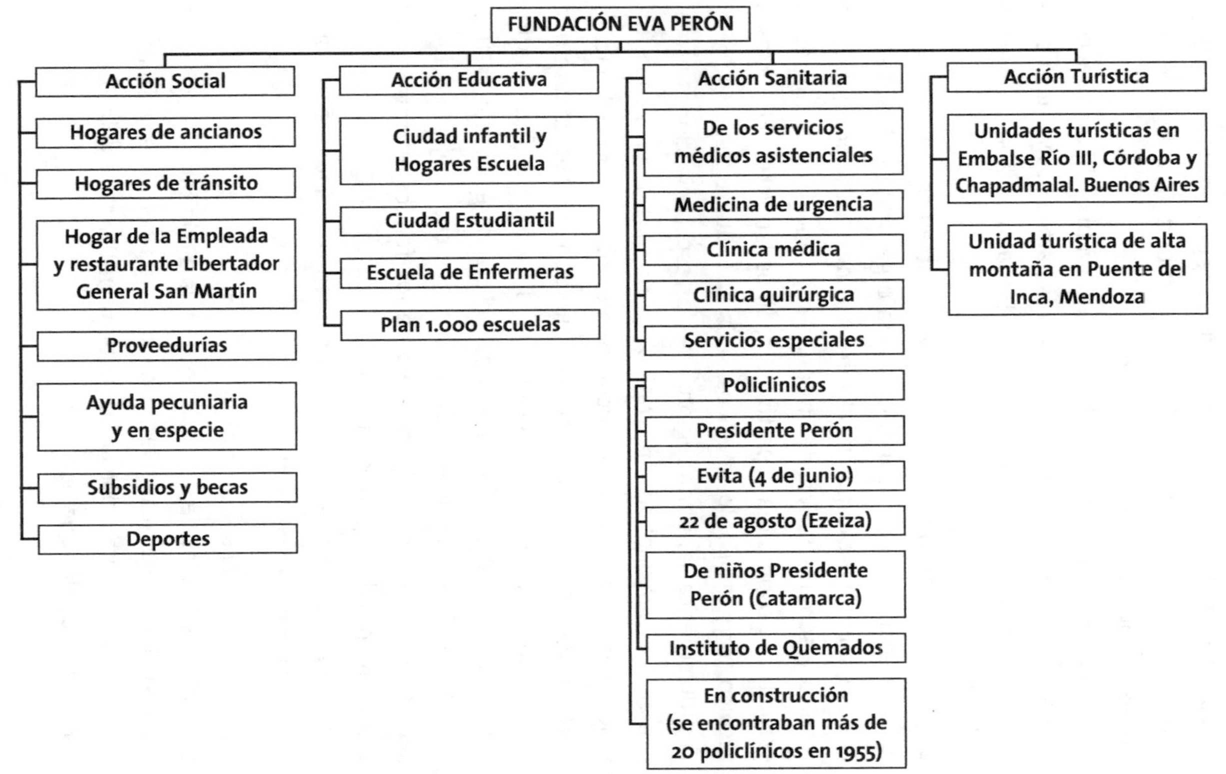

cumplimiento del programa se crearon instituciones con el propósito de regular el comercio y se revisó la Ley de Bancos (1946-1949) con el objetivo de otorgar al Estado mayor libertad para implementar las políticas monetarias y de crédito.

Con el Primer Plan Quinquenal, se encara un plan de construcción de hospitales, centros de salud y hogares para niños y ancianos, a partir de un prototipo diseñado de antemano para la prestación del servicio.

En cuanto a lo técnico-administrativo también se presentan dificultades para poder instrumentar esta organización de los servicios de salud. Se categoriza al personal de modo jerárquico, en técnico y administrativo, delimitando sus funciones dentro de la estructura hospitalaria a partir de códigos laborales. El personal técnico, formado por los médicos, sería distribuido de acuerdo ver la problemática sanitaria regional y a las especializaciones profesionales. El personal administrativo, grupo más heterogéneo formado por administrativos, técnicos, personal de maestranza y obreros, sería capacitado a través de cursos de los cuales surgirían los Administradores e Inspectores del sistema. Los funcionarios con experiencia o con formación especializada ejercerían la función de administración de los hospitales teniendo bajo su responsabilidad el patrimonio, el manejo de los fondos, el control del cumplimiento del régimen laboral.

Según las palabras de Perón el procedimiento para realizar la construcción de una vivienda era:[5]

- El terreno del cual se disponga.
- Las necesidades de la familia que la va a habitar.
- Las entradas mensuales de esa familia para saber si va a poder hacer frente a la amortización de las cuotas mensuales que debe pagar.
- Los materiales que necesita.

Con todos estos datos el arquitecto realiza un plano de la vivienda para luego comenzar con la obra.

Estos procedimientos los compara con una máquina, la cual necesita de una programación previa para luego materializarla y así obtener resultados esperados.

El Primer Plan Quinquenal, se desarrolló en un lapso que va desde 1947 a 1951; por un lado, permitió el principio de las reformas realizadas por el gobierno y, por otro, la concreción de 76.000 obras en todo el país.

El segundo Plan Quinquenal, se desarrolló desde el 1º de enero de 1953 hasta el 31 de diciembre de 1957. Este plan se compone de distintas partes:

1. **Acción social**, interviene el Estado en el cumplimiento de los derechos del trabajador, establecidos en la Constitución, en los problemas de la previsión, la educación y la cultura. La cooperación del Estado en las investigaciones técnicas, la salud pública, la vivienda y el turismo.

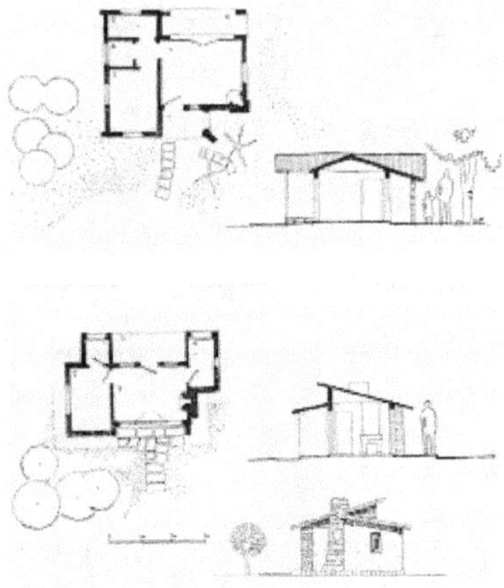

Fig. Nº 36a y b: Vista de uno de los planos de vivienda.

2. Acción económica, comprende la acción en la propiedad de la tierra que desarrollará el Estado para facilitar la producción, la acción forestal, el incremento de la minería y la extracción de combustible, líquidos y sólidos, la hidráulica, la energía eléctrica, el desenvolvimiento de las empresas privadas. También comprende lo que respecta a la economía y finanzas, siendo estas el comercio interno y exterior de la producción, la política crediticia y la política impositiva.

3. Servicios y trabajo público, comprende la red caminera, puertos, las comunicaciones y las obras y servicios sanitarios. Estas cuatro actividades estaban contempladas en el Primer Plan Quinquenal, especializadas para el Poder Ejecutivo fundamentando la conformación del plan:

- **a.** Racionalización administrativa.
- **b.** El Poder Ejecutivo someterá a juicio al Legislativo en cada caso y oportunamente.
- **c.** Las intervenciones del Estado, en cuanto a la financiación de los proyectos constructivos.
- **d.** La defensa nacional.

Entre las obras realizadas durante los períodos de Perón se destacan: la Ciudad Infantil, la Ciudad Estudiantil, los Hogar Escuela en Santiago del Estero, Tucumán y Catamarca, el Policlínico Regional de Santa Fe, Villa Eva Perón, varios Policlínicos-Hogares Escuelas en Mendoza, San Juan y Córdoba y-hospitales de Clínica y Cirugía del Tórax.

"Cada ocho minutos y medio"

El Segundo Plan Quinquenal tiene como objetivo una política habitacional debiendo realizar 300.000 nuevas viviendas. El Ministerio de Finanzas coordinaba los préstamos de los bancos oficiales, que tenían funciones precisas: el Banco Hipotecario Nacional ayudó a las cooperativas y asociaciones gremiales que, construirían para sus afiliados, también ayudaría a aquellos trabajadores que quisieran hacerse de una casa propia.

Por su parte, el Banco de la Nación Argentina debió apoyar a los campesinos que deseaban construir su vivienda propia en zonas rurales; el Banco Industrial Argentino, a su vez, tenía como misión, en el marco de esa política, auxiliar a las empresas constructoras, las industrias que extraían materia prima o se dedicaban a la prefabricación de partes o de toda la vivienda, o fabricaban herramientas para la construcción.

Las municipalidades de todo el país debían desarrollar planes reguladores y urbanísticos.

Como complemento de esos objetivos, el Segundo Plan estableció directivas sobre diversos aspectos vinculados a aquella política: son las que se referían a las organizaciones de equipos o cooperativas; a la ayuda que debía brindarse a los trabajadores que se proponían construir personalmente su casa; al castigo de la especulación en las compraventa de propiedades y en los lotes de terrenos y a la modificación del régimen impositivo para beneficiar a las viviendas económicas y a las que constituían "bien de familia".

"Cada ocho minutos y medio se levantará una casa", rezaba un eslogan que se popularizaba en esa época. "Los trabajadores tendrán casas dignas y baratas con el apoyo del Gobierno de Perón", es el texto de otro lema propagandístico. Se hablan de "apoyo", y no de superposición del Estado en el desmedró de la iniciativa privada: cada familia podía elegir su propia vía para hacer realidad el sueño de la casa propia.

El Plan Económico empezó en 1952, no incidiendo negativamente en los proyectos de vivienda; durante ese año se escrituraron en el Banco Hipotecario más de 41.000 operaciones, la cantidad más alta registrada hasta ese momento. Pocos meses después de la muerte de Eva Perón se lanzaba un nuevo tipo de préstamos para construir viviendas familiares que lleva su nombre: estaba al alcance de las familias más humildes debido a lo reducido de los intereses devengados por el Banco Hipotecario y a la generosidad de los plazos de pago, que se extendían a 50 años.

El monto total de las operaciones posibles, por otra parte, era lo suficientemente elevado para cubrir las necesidades de las familias numerosas.

La influencia de esas obras en la industria constructora fue, fueron positivas en la aceleración de la economía, ya que movilizó gran cantidad de sectores industriales subsidiarios, con la consiguiente plana ocupación y el paralelo del mercado interno.

Ciudad Evita, en el trayecto a Ezeiza es el ejemplo más destacado del plan, aunque no se terminó debido a los incidentes ocurridos en 1955. Otro tanto puede decirse del barrio Los Perales en Mataderos, y de muchos otros que se fueron realizando con el Plan Eva Perón.

Fig. N° 37: Vista de una de las obras de Gobierno.

Notas

[1] Perón, Juan Domingo. El Hombre del destino (Buenos Aires: Abril Educativa y Cultural SA, 1974).

[2] Imaz, José Luis. Los que mandan (Buenos Aires: EUDEBA, 1964, pp. 15).

[3] Lobato, Zaida y Suriano, Juan. *Nueva Historia Argentina* (Buenos Aires: Sudamericana, 2001, p. 384).

[4] Liernur, Jorge Francisco y Aliata, Fernando. *Diccionario de Arquitectura en la Argentina. Estilos, obras, bibliografías, instituciones* (Buenos Aires: Editorial Clarín, 2004).

[5] Perón, Juan Domingo. *¿Qué es un Plan Quinquenal?* (Buenos Aires: Presidencia de la Nación. Subsecretaría de Informaciones, 1952), en: <http://quintadominicana.com.ar/parte11.htm>, p. 6.

CAPÍTULO 5

Situación actual de la vivienda precaria

CASO CIUDAD OCULTA - VILLA 15

En 1937, comienza a poblarse de obreros provenientes del Mercado de Hacienda, de Ferrocarriles y del Frigorífico Lisandro de La Torre. Conjuntamente en el país se inicia la migración interna y se formaba a su vez las primeras "villas miseria". Este período coincide con la industrialización sustitutiva de importaciones.

Cabe aclarar, que en este período se generó una masa de marginados del proceso productivo o de una inserción inestable visible en la tasa de crecimiento de la población urbana siendo mayor a la del crecimiento de la población industrial. Consecuentemente se acelera la expansión del área metropolitana, junto a la consolidación de formas precarias e "ilegales" de hábitat, como las villas (ver *Las organizaciones villeras en la Capital Federal entre 1989-1996. Entre la Autonomía y el Clientelismo*).

Posteriormente, se continúa configurando la heterogeneidad poblacional con la inmigración proveniente de los países limítrofes. La Ciudad Oculta - Villa 15, está ubicada en el Barrio General Belgrano, llamada así partir del Mundial de Fútbol 78. Durante la dictadura militar se levantó un paredón con la finalidad de ocultar la villa de la vista de los visitantes extranjeros.

La población del barrio era el 60% argentina y el resto paraguaya y boliviana.

La población de Villa 15 creció en gran medida, su situación se incrementó ante cada crisis vivida por el país en los últimos 20 años. Actualmente, los habitantes viven en situación de pobreza extrema, hacinamiento, inseguridad, en viviendas muy precarias e inseguras, excluidos y vulnerados socialmente.

Lindero a la villa, separado por una "calle", está localizado un Núcleo Habitacional Transitorio "Eva Perón", conocida como "el Barrio Nuevo" o "Las Tiras", debido a la forma en que están dispuestas las casas y calles.

Éste forma parte de un Plan de Erradicación de Villas realizado en la última dictadura, teniendo como objetivo trasladar a las personas que viven en la villa a viviendas dignas, para luego mudarlas a edificios, de ahí su carácter original de "transitorio", aunque esto

Fig. N° 38: Vista del interior de la villa.

no se cumplió en la realidad fue un intento, para que las personas se acostumbren a vivir en departamentos, por ello en el núcleo existe menos relación con los vecinos, más individualismo. El Barrio Nuevo no se integró a la vida existente, existe una división entre las personas de la villa y las del "barrio nuevo", "no es lo mismo ser del núcleo que de la villa".

Otro problema significativo para quienes viven en la villa está relacionado con la propiedad de la tierra. Cabe aclarar que ninguno de ellos es propietario del lugar que ocupa, ya que los terrenos son fiscales, provocando la incertidumbre de un posible desalojo, careciendo de justificación legal para impedirlo.

Este edificio, llamado "Elefante Blanco", tiene varios pisos de altura visible a la distancia. Este esqueleto de hospital nunca se concluyó su construcción, por el gobierno de Perón. Actualmente, funciona como vivienda para alrededor de 50 familias, a pesar de carecer de ventanas y puertas. Además, se encuentran otras 200 viviendas apoyadas sobre esta estructura. Se destaca que en la planta baja funciona un comedor y un centro de apoyo escolar. Con

Fig. N° 39: Fotografía actual del edificio. El primer intento surge a partir del siglo XX, con las primeras construcciones de viviendas comunitarias para resolver el problema d las conventillos.

anterioridad, funcionaba el CeSAC Nº 5, conocido entre las personas como "El hospitalito", que fuera mudado en octubre de 2004 hacia una construcción nueva, ubicado afuera" de la villa.

Por otra parte, tanto la Villa 15 como el Núcleo (por separado), se organizan mediante Comisiones Vecinales, dirigidas por un presidente. Este presidente es elegido por los vecinos, mediante el voto directo, encargándose de varios asuntos referentes a la comunidad, entre otros por ejemplo: el reparto de materiales, los arreglos de las calles y pasillos, la recolección de la basura y de la iluminación.

La comunidad cuenta a su vez con alrededor de 40 comedores, centros comunitarios y de recreación (entre los que se encuentra "Conviven"), jardines de infantes, capillas y escuelas cercanas.

CAPÍTULO 6

Conclusión

Se ha tratado aquí la evolución de la vivienda en la población argentina estudiando la estructura social. Así pudo observar que desde mediados de 1850 hasta 1957 el problema de la vivienda fue incrementándose hasta nuestros días.

Con el gobierno peronista se comienza a tratar la falta de vivienda, creando proyectos de acción social. Estos mejoraron en gran medida los problemas con reformas en la Constitución Nacional entre otras cosas.

Lamentablemente, en los gobiernos posteriores no se realizaron tantos planes sociales en la magnitud de los realizados con anterioridad. Cabe aclarar, que la Argentina sufrió muchos cambios que fueron generados por la llegada masiva de inmigrantes al país. Esto acarreó una crisis tanto en la economía nacional como en la sociedad. Luego, con la llegada de Perón se comenzó con un ordenamiento nacional. La política económica del peronismo se caracterizó por la participación del Estado en la dirección y regulación de la economía. Se impulsó una industrialización basada en el incremento de bienes de consumo masivo en el mercado interno, la cual era generada a través del aumento del salario real. Siendo el costo de vida en el año 1943 de 100, mientras que en 1948 era de 180, pero el salario había llegado al 267, partiendo de la misma cifra.

Luego sucedieron los golpes militares a partir de 1955, impidiendo instaurar el nuevo régimen modernizante. Las políticas neoliberales conducen paulatinamente a la pobreza y a la recesión económica empeorándose aún más al transcurrir los años hasta nuestros días.

Se sabe que durante la década del 90 las estrategias en el sector de vivienda se focalizaron en dos líneas: la facilitadora de viviendas y los programas de alivio a la pobreza. La primera, consistió en impulsar la multiplicación de los efectos de las actividades del sector privado. El rol del Estado quedó relegado a facilitar el buen desempeño de los mercados, implementando instrumentos regulatorios apropiados y sistemas financieros saludables. Con esta línea comenzaron a perder sustento los programas de "lotes con servicios" y "mejoramiento de asentamientos precarios" que se habían impulsado en la década anterior. Estos eran percibidos negativamente por el organismo internacional, en virtud de su incapacidad para recuperar la inversión.

Por otro lado, el impacto sufrido por la estructura sociolaboral argentina como consecuencia de la crisis económica internacional, iniciada a mediados de la década del 70, el crecimiento de la deuda externa y la aperturismo comercial y financiero, provocó el derrumbe del esquema industrial basado en la sustitución de las importaciones. Los procesos económicos y sociales dejaron de relacionarse con la producción industrial, resultando ahora prioritarias "las transferencias al exterior y la valorización en el mercado financiero de los países centrales".

En este contexto la implementación de una estrategia privatizadora, incrementó el grado de concentración de los mercados, intensificándose los niveles de centralización de capital en ciertos sectores empresariales hegemónicos. Estos grupos concentrados condujeron al derrotero seguido de una mala administración económica, ante la actitud no intervencionista asumida por el Estado; el resultado de tal situación se reflejó en el afianzamiento estructural de un mecanismo, objetivamente, disgregador de la sociedad.

Durante la década del 90 se implementaron una serie de reformas que tuvieron un impacto decisivo en la realidad económica y social del país. Las políticas apuntaron a estabilizar la moneda al anclar su valor en la del dólar norteamericano, priorizar el superávit fiscal y el pago de la deuda pública, privatizar las actividades económicas, flexibilizar y liberalizar las relaciones laborales, transnacionalizar empresas, y abrir abruptamente la economía a los flujos financieros.

En diciembre de 2001, estalló una grave crisis social, política y económica en la Argentina. La explosión social que puso fin al régimen económico implantado durante los años 90 condicionó fuertemente la política que sobrevino en los siguientes 4 años. En 15 días el país tuvo cinco presidentes, cayó en default financiero, abandonó la férrea política cambiaria que sostenía desde 1991, y devaluó el peso. Todo ello en medio de una crisis marcada por un exagerado aumento de la desigualdad en la distribución del ingreso, el crecimiento del desempleo y el subempleo a niveles alarmantes.

Como resultado a la crisis económica, entre 2001 y 2002 se transformó la estructura social del Área Metropolitana de Buenos Aires y se incrementaron las tasas de indigencia y pobreza en el aglomerado del Gran Buenos Aires.

Lamentablemente, si se analiza la cantidad de individuos que llegaron al nivel de indigencia en los últimos años, se adquiere una idea del impacto violento de la crisis. Entre octubre de 2000 y mayo de 2002 la población argentina que no podía acceder ni a una canasta básica de alimentos se duplicó, al pasar de 3,7 millones a 8,7 millones de personas (el 24,8% de la población), lo que implicó un incremento del 135% entre ambos extremos.

Estas circunstancias han tenido un alto impacto en el contexto del derecho a la vivienda, agravando una situación que se vino deteriorando durante la década del 90. Luego del proceso de descentralización y desfinanciación de la política habitacional de fines de esos años, el nuevo gobierno asumido en 2003, ha aumentado considerablemente la inversión en construcción y modificación de viviendas. Sin embargo, las nuevas obras no alcanzan: si se cuentan las viviendas a construir anualmente, su número será inferior al crecimiento del déficit que se acumula año tras año.

Referencia bibliográfica

ABIOY, ROSA. *Viviendas para el pueblo. Espacio urbano y sociabilidad en el Barrio Los Perales.1946-1955* (Buenos Aires: Universidad de San Andrés-Editorial Fondo de Cultura Económica, 2005).

Colección de fascículos sobre la vida de Perón (Buenos Aires: Editorial Abril Educativa y Cultura SA, marzo de 1974, N° 17, 18, 19 y 22).

"Del Conventillo al Conjunto Habitacional", en *Suma* (Buenos Aires: octubre de 1983, N° 192). Publicación periódica.

El Hogar (Buenos Aires: 10 de junio de 1921, N° 608). Publicación periódica.

FERNÁNDEZ WAGNER, RAÚL E. *Crónicas de las políticas de la vivienda en Argentina* (Buenos Aires: FADU-UNMDP.

HARDOY, JORGE E. "La vivienda popular en el Municipio del Rosario a fines del siglo XIX. El Censo de Conventillos de 1895", en AAVV. *Sectores Populares y Vida Urbana* (Buenos Aires: CLACSO, 1984).

La fotografía en la Historia Argentina (Buenos Aires: Editorial Clarín-AGEA, 2005, tomo I y II). Proyectos especiales 60 años.

Leucona, Diego Eugenio. *Orígenes del problema de la vivienda* (Buenos Aires: Centro Editor de América Latina, 1993, 1 y 2).

Liernur, Jorge Francisco y Aliata, Fernando. *Diccionario de Arquitectura en la Argentina. Estilos, obras, bibliografías, instituciones* (Buenos Aires: Editorial Clarín, 2004).

Lobato, Zaida y Suriano, Juan. *Nueva Historia Argentina* (Buenos Aires: Sudamericana, 2001).

Merklen, Denis. *La cuestión social* (Buenos Aires: Facultad de Ciencias Sociales-UBA, 2000). <http://www.margen.org/social/merklen.html>.

Novick, Alicia y Caride, Horacio. *Ciudad versus metropolitana. Notas para una historia del gran Buenos Aires* (Buenos Aires: FADU-UBA, 1999). <http://www.unesco.org/most/dsp37nov.htm>.

Presidencia de la Nación. Subsecretaría de Información. *Dijo Perón* (Buenos Aires: 1952).

Presidencia de la Nación Argentina. *¿Qué es un plan quinquenal?* (1952), en <http://www.quintadominica.com.ar/parte11.htm>.

Revista de Arquitectura (Buenos Aires: Sociedad Central de Arquitectos, 1953, N° 370, III, IV). Publicación periódica.

Vanguardias Argentinas. Obras y movimientos en el siglo XX (Buenos Aires: Editorial Clarín, 2005, tomo 2 y 3).

"Vivienda Económica de Interés Social", en *Suma* (Buenos Aires: 2005, N° 71). Publicación periódica.

Yujnovsky, Oscar. *Claves políticas del problema habitacional argentino* (Buenos Aires: Grupo Editor Latinoamericano, 1984).